Les plus belles lettres au Père Noël

Les plus belles lettres au Père Noël

sur une idée de

Pierre Ballester

Stock FONDATION POUR L'ENFANCE LA POSTE

Préface

Si on vous disait qu'un personnage a reçu plus de 850 000 lettres l'année dernière, et qu'il répond pratiquement à chacune d'entre elles ? Vous ne le croiriez sans doute pas. C'est pourtant vrai.

Cette idole des jeunes supplante chaque année toutes les stars, tous les sportifs, tous les présidents que la terre ait connus. Sa scène, c'est le 25 décembre, sa discipline, la distribution de cadeaux en un temps record, son programme, une générosité jamais démentie. Cette personnalité, vous l'avez deviné, c'est le Père Noël, grand-père rondouillard pour les uns, culte divin pour les autres. Le Bon Dieu en houppelande, en somme.

Evoquer son nom, c'est perpétuer un rite fédérateur, terrestre et céleste. Depuis la fin des années cinquante et l'initiative personnelle et généreuse d'une receveuse des postes de Seine-Maritime de répondre au courrier des enfants du cru qui restait alors... lettre morte, le phénomène est devenu un événement. Sept millions et demi de lettres lui ont été envoyées à ce jour, depuis la création officielle d'un service courrier « spécial Père Noël » dont on célèbre cette année le quarantième anniversaire ! A Libourne, le « secrétariat du Père Noël » de La Poste fait désormais appel en décembre à soixante « lutins terrestres » pour satisfaire les demandes de réponse.

Cette correspondance est la toute première de la vie d'un enfant, qu'elle soit rédigée sur des cartes de couleurs ou sur du papier recyclé. La langue sortie, le stylo bien droit, il s'adresse à un être universel, unanimement adulé, qu'il respecte pieusement, qu'il tutoie généralement. Ce n'est pas une effronterie, mais une complicité. Et, au-delà des fautes d'orthographe, des lettres maladroites et des lignes bancales, elle s'impose comme une véritable découverte littéraire.

Plonger dans cette lecture, c'est pénétrer dans la caverne d'Ali Baba, découvrir l'île aux trésors, revisiter l'enfance, par leurs lettres, par nos yeux. L'inattendu nous attend à chaque coin de phrase, au détour d'une virgule, d'une question, d'un poème, d'un libellé d'enveloppe, d'un dessin. La drôlerie se niche parfois dans l'usage d'un mot savoureux, d'une expression d'adulte mal maîtrisée, plus fréquemment dans un langage direct, facétieux.

Leurs modes de pensée insoupçonnés sont autant de prétextes à découvrir leur personnalité naissante, leur ingéniosité, leur sensibilité aussi. La moitié des lettres ne réclame en effet aucun cadeau et, ça aussi, c'est une surprise. Car les enfants livrent d'autres émotions, attendrissantes, poétiques, humanitaires. Ils formulent des vœux de pure bonté, quand il ne s'agit pas de déclarer tout leur amour innocent. Le Père Noël devient un sujet en lui-même.

Car ce sacré bonhomme accumule les dons. A la fois familier et inaccessible, il est, selon les uns et les autres, un philanthrope, un préposé aux rêves, un confident, un guérisseur, un faiseur de miracles, ou tout bonnement le sauveur de la planète.

On ne vous le cache pas : qu'il fut douloureux de réduire ces tonnes de sentiments purs à cette sélection qui se cantonne aux lettres les plus récentes. Le choix qui suit, forcément arbitraire, s'efforce d'être le plus représentatif possible, sachant qu'il nous fallait respecter deux conditions : la reproduction fidèle des courriers pour préserver leur authenticité ; le refus d'un classement ou d'un ordre logique, pour restituer les émotions qui nous ont envahis, avant vous.

On croyait tout savoir sur les enfants. Parce que ce sont les nôtres, parce que nous l'avons été avant eux, parce que bien des parents le restent finalement un peu. Lire l'une de ces lettres, c'est faire un pas en direction de notre enfance, vers le jardin enchanté dont nous avons gardé l'inégalable saveur.

Joyeux Noël !

PIERRE BALLESTER

A tous les enfants,
A La Poste,
A Hervé Labarthe,
le lutin préféré du Père Noël sur terre.

Cher Père Noël,

Je m'appelle Nicolas et je t'écris pour te dire de m'envoyer un cadeau pour Noël car j'ai été sage cette année et j'ai bien travaillé à l'école parce que plus tard moi aussi je serai Père Noël moi aussi.

Je t'embrasse très Fort!

Nicolas qui t'aime!

CANAUÉRA chemin
NICOLAS de Champlain
84100 Orange.

DERRière ! regarde !

GROS ! GROS !
BISOUS !
ČESKÁ REPUBLIKA
Kč 1
ZVĚROKRUH · KOZOROH
4 Kč
ČESKÁ REPUBLIKA
Klasicismus
4 Kč
ČESKÁ REPUBLIKA
Klasicismus
Monsieur le Père Noël
Partout
33.000 LIBOURNE
- FRANCIE -

Cher Père Noël

C'est bientôt Noël!

Alors je t'écris comme chaque année mais là j'ai apris que t'allait à la cure pour te faire soigner.

Tu vas mieux? Et comment tu fait pour déposer les cadeaux est ce quetuvoit la lune?

Quand tu viendra est ce que je pourrais avoir un bou de ta barbe s'il te plait.

Tu s'est j'ai était gentil toute l'année. Alors pour Noël Je voudrait une malette de construction la bat mobile le croco goff des jojos lapins et des surprises.

Au revoir et à bientôt Père Noël.

il faut mettre des étiquettes sur les cadeaux sinon ont va pas savoir et ont va ouvrir les mauvais cadeaux.

Alexandre

MIGUEL COELHO
24 RUE ROBERT SCHUMAN
St BERTHEVIN
53940

Le 16/11/1995

(1)

papa Noël

C'est la main de ma mamie Marylou qui me guide pour t'écrire, car je suis encore un petit garçon. J'ai eu 4 ans au mois d'Août

Au Leclerc, il y a tant de jouets que je m'envie de beaucoup de choses. Comme je ne suis pas toujours sage, c'est toi qui décideras de ce que je mérite.

Je te promets d'obéir à papa et à maman, ainsi qu'à la maîtresse, je mangerai tout seul, je rangerai mes jouets, je ne donnerai plus de coups de pieds

Chez mon papi et ma mamie Marylou, je suis toujours gentil

Voici la liste : une ferme
: Des rollers
: deux voitures de collection
: 1 circuit

Pour ma petite Cindy - une grande poupée. elle est si gentille ma petite Sœur

Pour ma petite maman et papa, toi qui sais tout, tu trouveras bien un cadeau

papi et mamie Marylou me disent
que tu peux envoyer la facture, chez eux

Gros bisous père Noël, je te
promets d'être sage

Mamie Marylou va laisser la
fenêtre de la salle à manger
entr'ouverte pour que tu puisses passer.
Attention de ne pas accrocher
ton grand manteau rouge.

Miguel

por adresse : porte 12, 1er étage 2 porte à droite, passage cardinet

12 passage cardinet, 1er étage 2ème porte droite, 75017 Paris

ADRESSE

Très chér Père-Noël.

Cette fois je ne plaisante pas, Je veux mon cadeau je veux mon cadeau ce c'est moi qui le commande. Bon ! premierement je voudrais le gros polly poket en cœur avec Loucie Loquette et une poupée magique avec une baguette et des diamants. C'est la dernière fois que je t'écris. Déjas l'année dernière tu nema rien envoyer je suis faché contre toi, alors je pense que cette année tu seras gentil avec moi.

gros bis-ous

écrite par Laiza Adjoud

Pour le Père Noel
Bisous

Cher Père Noël,

À partir de début septembre j'ai beaucoup penser à toi. Je ne sais pas si tu existes, alors je t'aime ou je ne t'aime pas.

Dis moi si tu existes ou pas ?

Lucie

Barthe-Dejean

20 rue des Vosges. 31100 Toulouse

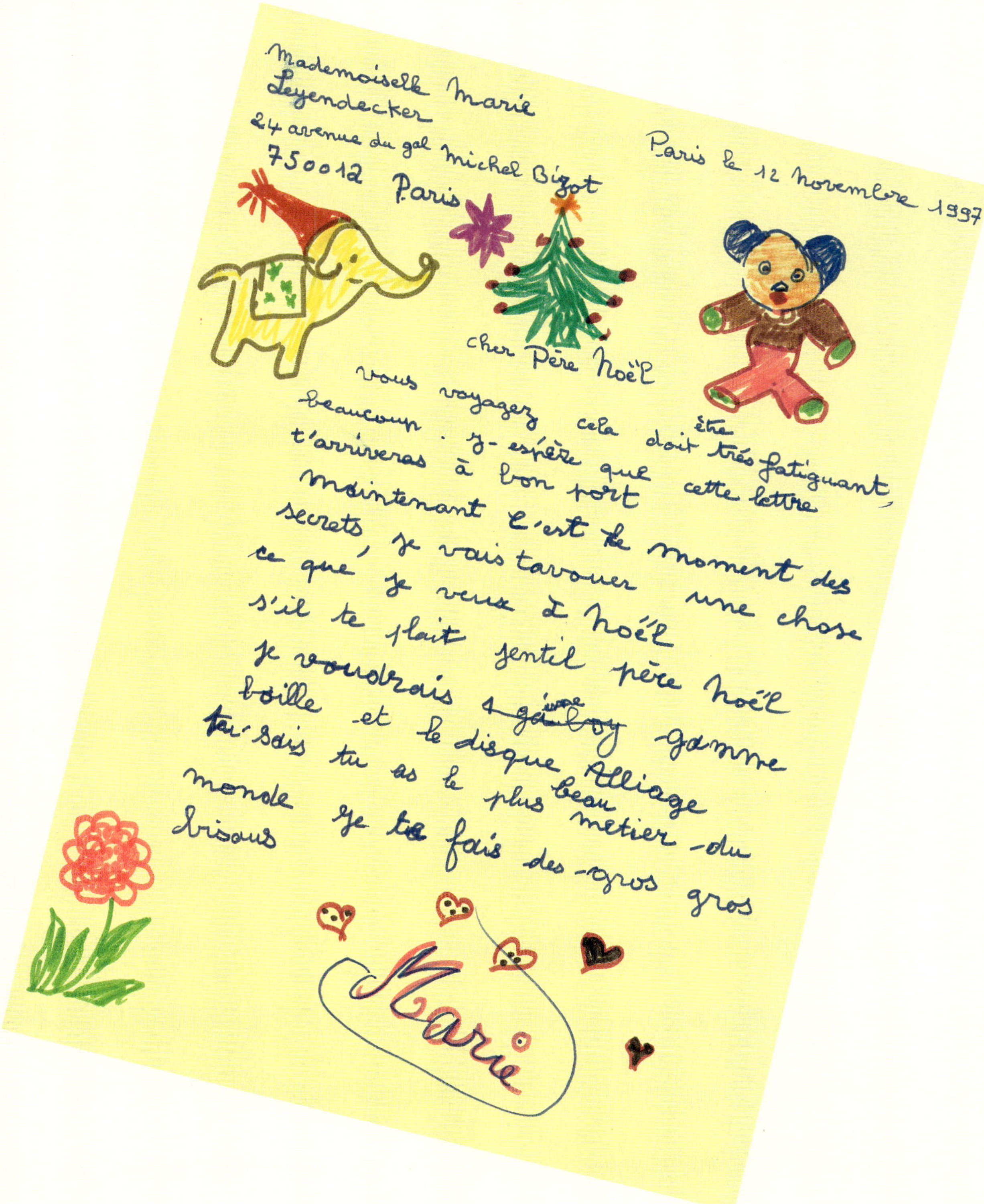
Mademoiselle Marie
Leyendecker
24 avenue du gal Michel Bizot
750012 Paris

Paris le 12 novembre 1997

Cher Père Noël
vous voyagez cela doit être très fatiguant,
beaucoup. J-espère que cette lettre
t'arriveras à bon port
Maintenant c'est le moment des
secrets, je vais t'avouer une chose
ce que je veux à Noël
s'il te plait gentil père Noël
je voudrais 1 gameboy gamme
boille et le disque Alliage
tu sais tu as le plus beau métier du
monde je te fais des gros gros
bisous

Marie

Mon cher ami père noël, mes parents, ma soeur, et moi t'attendons pour le soir du 24 Décembre avec impatience. Tu pourra rester manger avec nous, quand y il en a pour six il y en a pour cinq. A BIENTÔT

GROS

BISOUS

Jennifer, Jessica, Nathalie
et Joël.

Famille. AUBRY-
4 c rue de L'église
70400. CHALONVILLARS.

Mon petit papa Noël chéri

Noël approche.
Je voudrais que tu m'apportes une grosse peluche ;
une poupée, un livre.
Tu sais, je travaille bien à l'école.
Et j'aime beaucoup les chocolats et les mandarines.
Je t'aime beaucoup et je veux me marier avec toi quand je serais grande.
J'espère que ta barbe est douce.

Gros Mimis
mon papa Noël

christelle

Père Noël,

L'année dernière, j'avais comender beaucoup de choses, mais cette année, je ne veux pas grand-chose. J'ai réaliser, que d'autres enfants n'ont pas de cadeaux, ils ne connaissent pas Noël. C'est pour ça, que la Nuit où tu passeras, je prierais pour les SDF, gens malheureux. Mais comme, je pense à ma famille, voilà ce que je voudrais que tu leur rammenes : pour papa, une belle, belle maquette de moto ; pour maman, des gants de cuisine ; pour ma soeur, une belle guitare ; pour mémé, un beau Coeur, avec une photo de ma soeur et de moi et enfin mon chien, des nonos et des césars ; J'allais oublier mon peroquet et mes tortues ; pour mon peroquet, des graines ; pour mes tortues, de manger.

Voilà, moi au moin, je pense à ma famille, d'autres n'y pense pas. Il faut dire que la Vie aujourd'hui, est vraiment impossible.

ET pour moi, je voudrais de

L'ARGENT

OU

DES VETEMENTS

Ledig Mélanie
12 rue de l'église
57300 HAGONDANGE.

Benjamin Brué
22
rue
des
écoles

80970 Sailly Flibeaucourt

8 ans

Cher Père Noël, pour noël je voudrais une arracheuse à pomme-de-terre, un épandeur à fumier, et un plateau et un orgue à musique.

Je t'aime très fort

Benjamin
Brué

PERE NOËL
NEBULOSTRATOSIROFRIGOSTELAPOLARIS
3. rue du renne-qui-éternue
cercle polaire arctique

père Noël
route du ciel
251299 FLOCONVILLE
PETIT COTON

Il te
plé
mon
désain

Cher Père Noël

Cette année j'ai un peu embêté mes parents avec le
sascophone mais en gros j'étais gentille. Je désire avoir,
si vous le permettez une petite lampe pour la mettre
sur ma table nuit, une game boy (c'est un jeu électro-
nique), un livre sur toutes les races de chats, une vache
géante en peluche à 18 000 francs pour cela il faudrait
que mon père gagne au loto, je veux aussi arrêter le
sascophone, que ma copine Rébecca me reparle et avoir
le plus beau des Noël jusqu'à présent.
Vous savez biensur où j'habite mais pour vous facilitez
la tâche je vous donne mon adresse.

1 rue neuve
67430 Waldhambach

C'est de la part d'Aurélia Klein
Dis aussi bonjour à tes lutins et à Mère Noël, Merci
d'avance. Ah! La neige qui tombe, ce serait aussi
beau. Désolé de n'avoir plus cru à toi et d'avoir
regarder les cadeaux de mon frère et de ma soeur.
J'espère que je pourraite rencontrer un jour.
Merci Beaucoup et à l'année prochaine
Bonne année

Joyeux Noël

Bonne Tournée

Aurélia

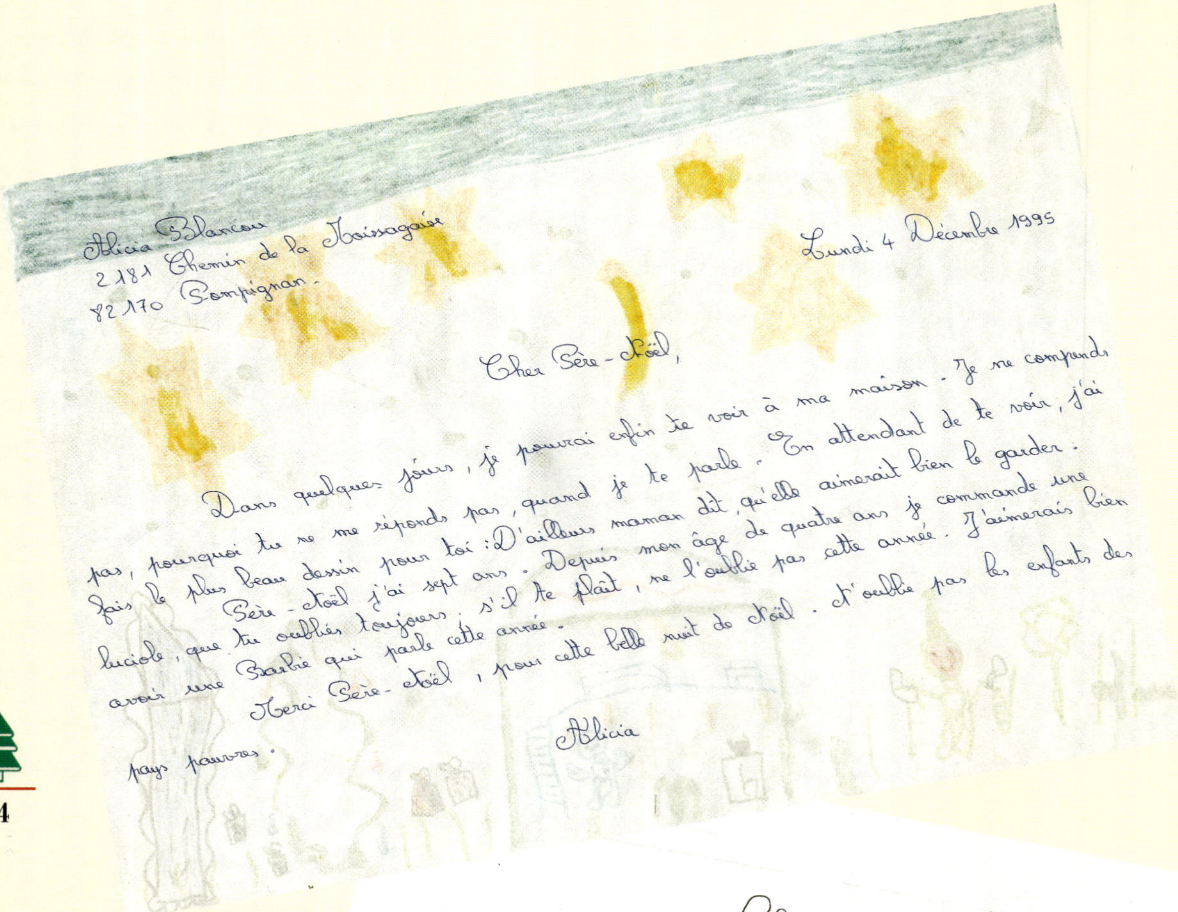

Alicia Blancou
2181 Chemin de la Moissagaise
82170 Pompignan.

Lundi 4 Décembre 1995

Cher Père-Noël,

Dans quelques jours, je pourrai enfin te voir à ma maison. Je ne compends pas, pourquoi tu ne me réponds pas, quand je te parle. En attendant de te voir, j'ai fais le plus beau dessin pour toi : D'ailleurs maman dit, qu'elle aimerait bien le garder.

Père-Noël j'ai sept ans. Depuis mon âge de quatre ans je commande une luciole, que tu oubliés toujours. s'il te plaît, ne l'oublie pas cette année. J'aimerais bien avoir une Barbie qui parle cette année.

Merci Père-Noël, pour cette belle nuit de Noël. N'oublie pas les enfants des pays pauvres.

Alicia

Cher Père Noël

J'aimerai beaucoup venir te voir la ou tu habite.
Sa doit être beau. Cher toi, c'est Noël tous le temps, non !
J'aimerai bien être un lutin, pour faire tes jouet.
quand tu viendras, tu peux boire la tasse de chocolat
chaude que je te laisserait mais ne roto pas sinon
tu vas reveiller Papa et Maman. Je t'aime Papa Noël

Laura

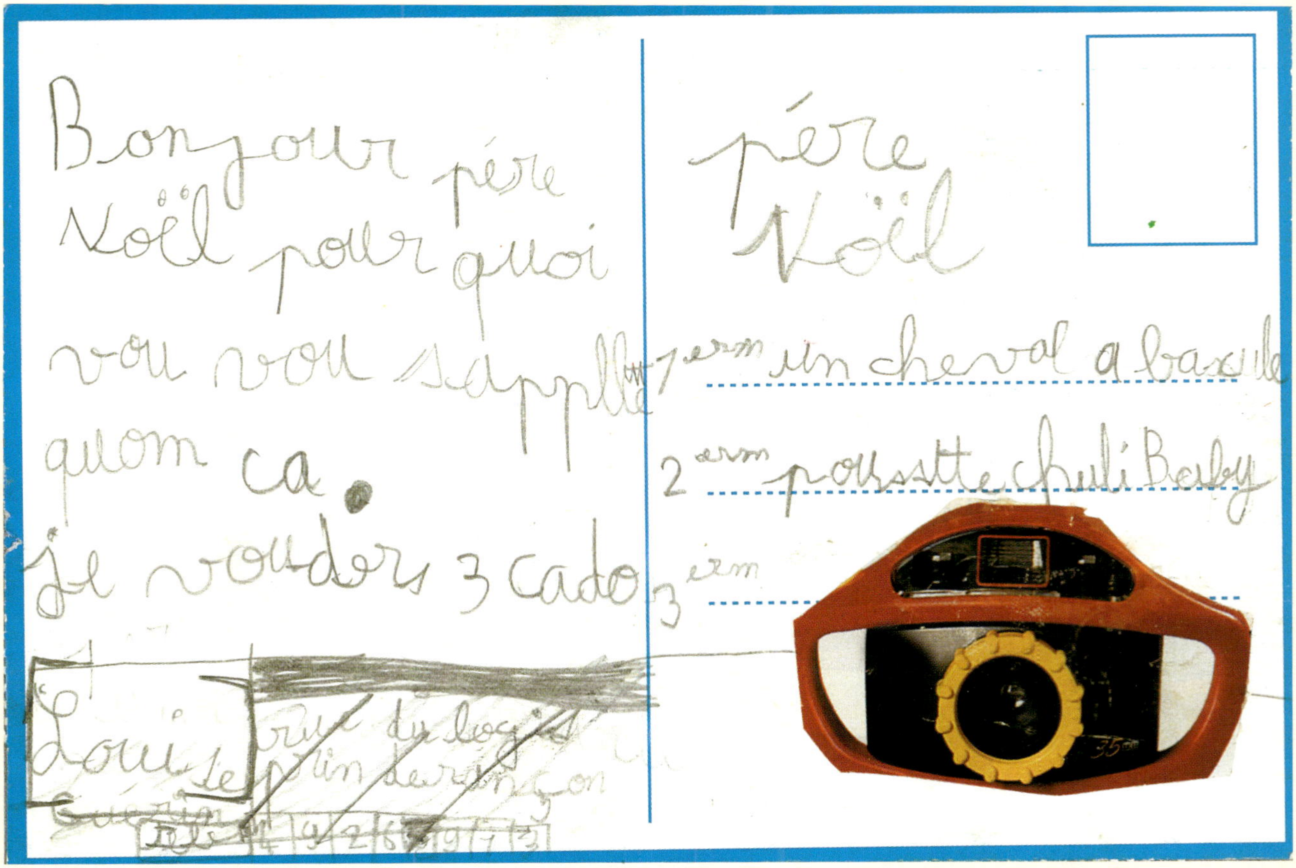

Bonjour père
Noël pourquoi
vou vou sapplle
quom ça.
je vouders 3 cado
père
Noël
1erm un cheval a bascule
2erm poussette chuli Baby
3erm
Louise
[redacted]
rue du logis
un deranç on
Guerin
Tél 4 9 2 6 8 9 7 3
35mm

père Noël
Route du Ciel
en suivant les
étoiles

PAPA NOËL
Pôle Nord
PLANETE TERRE

Mr Anthony Jughters
1 Res Fernand Bec
92230 gennevilliers

le 05 Novembre 1997

Cher Santa clause

Je suis très gentil et je travail bien en classe.
Je voudrais pour Noël une voiture Nikko Bleu télécommandée marque zerros, Un circuit de voiture 12 m une plaistation avec un jeu qui sera Oddworld, un jeu de fléchettes, le monde de jurasic parc avec les dinausores et les figurines et le laser tag, le Mont saint Michel en puzzles 3D et aussi des Kenex. J'attend ta lettre avec impatiente comme l'année dernière. Je te trouve très gentil. Est ce que tu supporte le lactose ? Je voudrais tellement te voir mais je ne peux pas. Je t'aime très fort.

Maman
papa
Anthony

Bonjour père noël

cher père noël dans le ciel. Je suis tros petit pour
técrire alors ses mon frère qui técrie. Cet année j'ai
étais tres sage même avec ma sœur alors je te
demande: une grose moto rouge avec des gans noirs,
pour papa une moto mais saite foi si jaune et
des gans bleus pour ma maman. Une voiture
qui va méga vite violette. ~~un~~ pour lucas, un
petit jouet parce qu'il a de petites mains. Pour pépé
des patins pour ne pas se fatigué quand t-il se balade.
pour ma mamie jacqline un jolie foular. pour
ma sœur un billet de lota gagnan et pour mon
pépe janace et ma mamy laurette
une moto.
je te remairsi beaucoup et je te fait
plein de bisous

RAPHAEL

P.S = pour maman, oublí la voitu
re, juste un poste

Carole Ingwiller
9, rue des vergers
67350 Grassendorf

Lundi 18.12.95

Très cher Père-Noël

Je suis vraiment très déçu que tu ne sois paz venu chez moi l'an passé. J'espère que tu viendras cette année. Maintenant, parlons de chose plus gai, tiens je vais te dire mes moyennes: en calcul j'ai eu: 9,5 et en français: 9 je suis très contente de mes notes. J'espère que la fête de Noël de l'école t'as plu. Je n'ai pas toujours étais gentille avec mes amis, j'essairais de faire de mon mieux. Et je t'envois cette lettre pour te dire ce que j'aimerais à Noël:

- Eureka
- le circuit de voitures AFX vertigo
- plein de lego si possible de l'espace ou de la ville, mais pas des Belleville.
- Atmosfear les émissaires!!

J'oubliais, j'ai très hâte que ce sois Noël, premièrement pour les cadeaux, deuxièmement parce que je te reverrais, troisièmement parce que Jésus est né. Je n'ai pas oublié que tu m'as déjà une fois envoyé une carte parce que j'ai fais un dessin pour toi, j'ai été très heureuse lorsque je l'ai reçu. C'est pour cela que je recommence à te faire des dessins

bonjour pére
Noël je m'appelle
jessyca S'il te
plait pour NOËL je voudraid un
pacet de billes un gros pacet de
billes et de bigaros et une sacoche comme
ma copine
Jessyca

PAPA NOËL

3ere Nuage à droite en passant par la forêt des bois
de Rennes et au bout de l'allée Illuminée de
1000 Lampions, suivre le petit lapin coiffé d'un bonnet
rouge avec un pompon blanc qui te mèneras dans la
grande prairie du bonheur des enfants
33500 Lutins t'attendent

Cher Père Noël

Je m'appelle Amélie LAUNAY, j'ai 9 ans, je suis en CE2 à Pessac. Tous les mecredi, je fais de la magie avec un magicien. N'est pas peur, dans la nuit de Noël, je ne te ferai pas disparaitre car nous t'attendons avec impatience (moi et mes 2 soeurs). Nous laisserons à Boire et manger prés du sapin. J'aimerais que tu m'apporte si tu peux des polly potney, une mallette de magie un numero d'art. Courage t'ai pour ne pas avoir froid.

Je te fais pleins de gros gros bisous

Amélie ♡

Amélie

Melle LAUNAY AMéLIE Residense LA chataigneraie

App't 32 12 ALLée des cigales 33600 PESSAC

Dis a jésus
que je pense
beaucoup
à lui et à
toi

David LECLERC
rue de Belfort
14.240 Caumont-l'éventé

Caumont,

cher Père Noël,

Peux-tu m'offrir pour Noël un joli tableau pour écrire avec des craies, au lieu de dessiner sur les murs de la maison.

je t'aime

gros bisous

David a 19 mois

Cher père Noël.
Je vous avez déga aplés
mais j'avais peure que
tu oublie alore voilas je
te le dis : un ordinateur
géinus et le grand
livre soumarin. (ces
un poli-poquete.)

gros bisous

Aline

Mon adresse
Mlle ALINE ZINDY
49 ave Jacques Prévert
Nanteuil les MEAUX 77100.

PAPA NOE
3eme Nuage Blan
LE CIEL
URGENT.

Père Noël
LAPONIE
FRANCE

Christophe Fort
88120 Vagney
Le Syndicat
20 rte de Crihavillers

le 13/01/96.

Cher Père noël

J'ai bién reçu la lettre que tu mas envoyé et j'ai voulu en renvoyé une autre pour te dire merci et surtout parce que j'avais fait beaucoup de fautes et je voulais remeraier aussi le facteur qui a fait se long voyage de chez moi a chez toi.
Comment fait-tu tes timbres ?
Et au faite l'image est vrément belle.

Mes meilleurs salutations.

la maison magique
du père-noël
chemin des petits lutins
au milieu des nuages.

DE PAULIS DELPHINE
élève de CM2
école des écarts
57210 Maizières-les-Metz

À Maizières-les-Metz
le 30/11/1995

Cher Père-Noël,

J'habite dans une cité. Je ne crois pas que ce soit bon pour toi car le temps est différent mais pour une soirée cela ne te fera pas de mal. Attention de ne pas te brûler avec le chauffage. Moi j'ai dix ans et demie disons que toi tu as 90 ans si on additionne notre âge cela fait 100 ans de bonheur, n'est-ce pas ?

Pour Noël, il me faudrait une fille comme moi et un peut plus terrible avec ma soeur car je manque d'idées pour l'embêter. Il me faudrait aussi un robot pour ne plus me lever à table. Si je veux bien te recevoir il me faut 1 million de kg de neige sur notre cité, une écurie de 30 mètres de long et des petits nains. Des nuages seraient plus confortables pour m'assoir. Sans oublier une boutique de cadeaux pour une année.

A NOËL ET NE RESTE PAS COINCÉ DANS UNE CHEMINÉE !

Mr Boucaut Théo et Lola
N° 4 Rue de la Machine
54 260 Longuyon -

-Cherè papa Noël,-

Je vous fait ce petit mot, pour te souhaiter un joyeux Noël et beaucoup de courage pour apporter tous tes cadeaux dans les cheminees car il fait tres froid.
Je voudrais bien la moto qui Passe â la tele car Je travaille bien
ma soeur la Maison radieauxde Barbie.

Mon papa vous faira un bon chocolat chaud

je vous embrasse très fort

Théo et Lola

Samedi 4 Décembre

Cher Père Noël, j'ai bien travaillé à l'école et j'ai ~~éta~~ été sage toute l'année.

J'espère qu'on ne fermera pas la vitre de la cheminée pour que tu entres admirer notre sapin de noël.

Je suis impatient de voir les cadeaux au pied du sapin le matin de noël.

J'écris très bien à l'école tu peux même l'admirer.

Père Noël j'espère que tu ne m'a pas oublié depuis l'année dernière.

Je voudrais te voir comme la Petite Souris avec qui j'ai parlé.

Bon maintenant assez discuté passons aux ~~3~~ 4 cadeaux :

① _ une cassette Nintendo (~~S~~ Dragon Ball)

② _ une maquette de voiture.

③ _ des appeaux

2- une boîte de minéralogie

Guilhem Bordes Quartier Bourrut
Sanguinet
40 460

Pére Noël

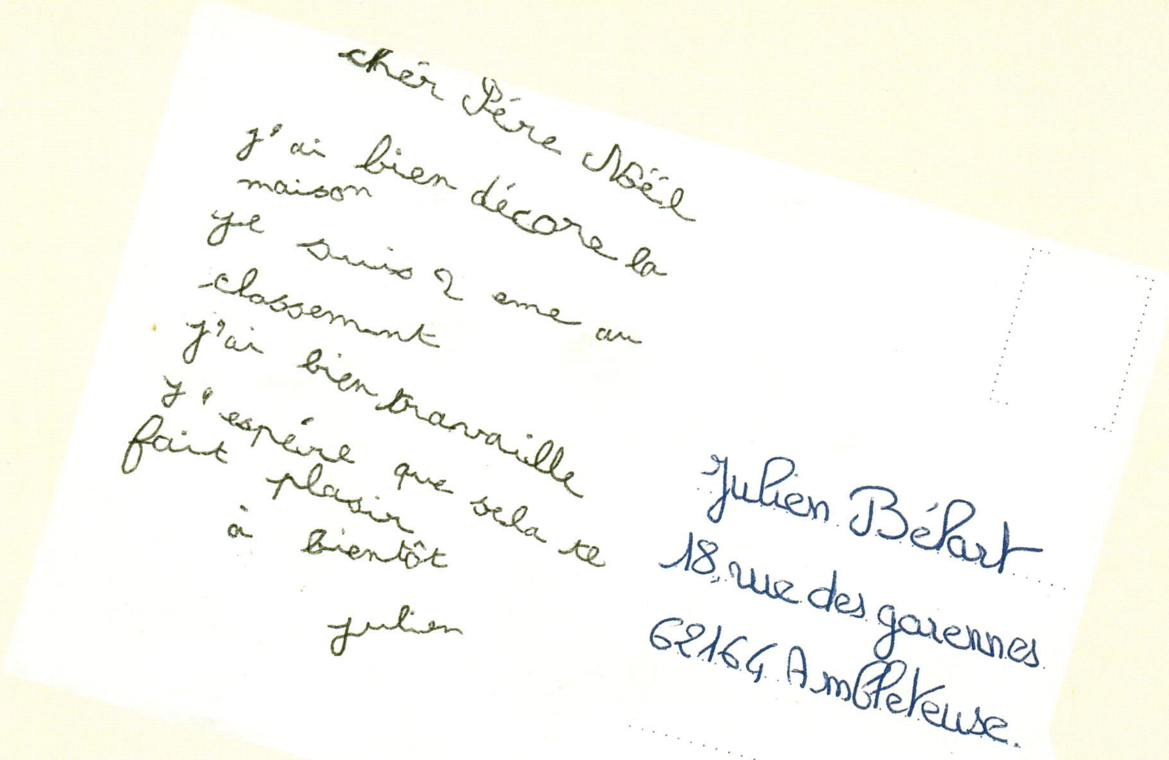
Chér Pére Nöël

J'ai bien décore la maison

Je suis 2 eme au classement

J'ai bien travaille

J'espére que sela te fait plasir

à bientôt

Julien

Julien Bélart
18, rue des garennes
62164 Ambleteuse.

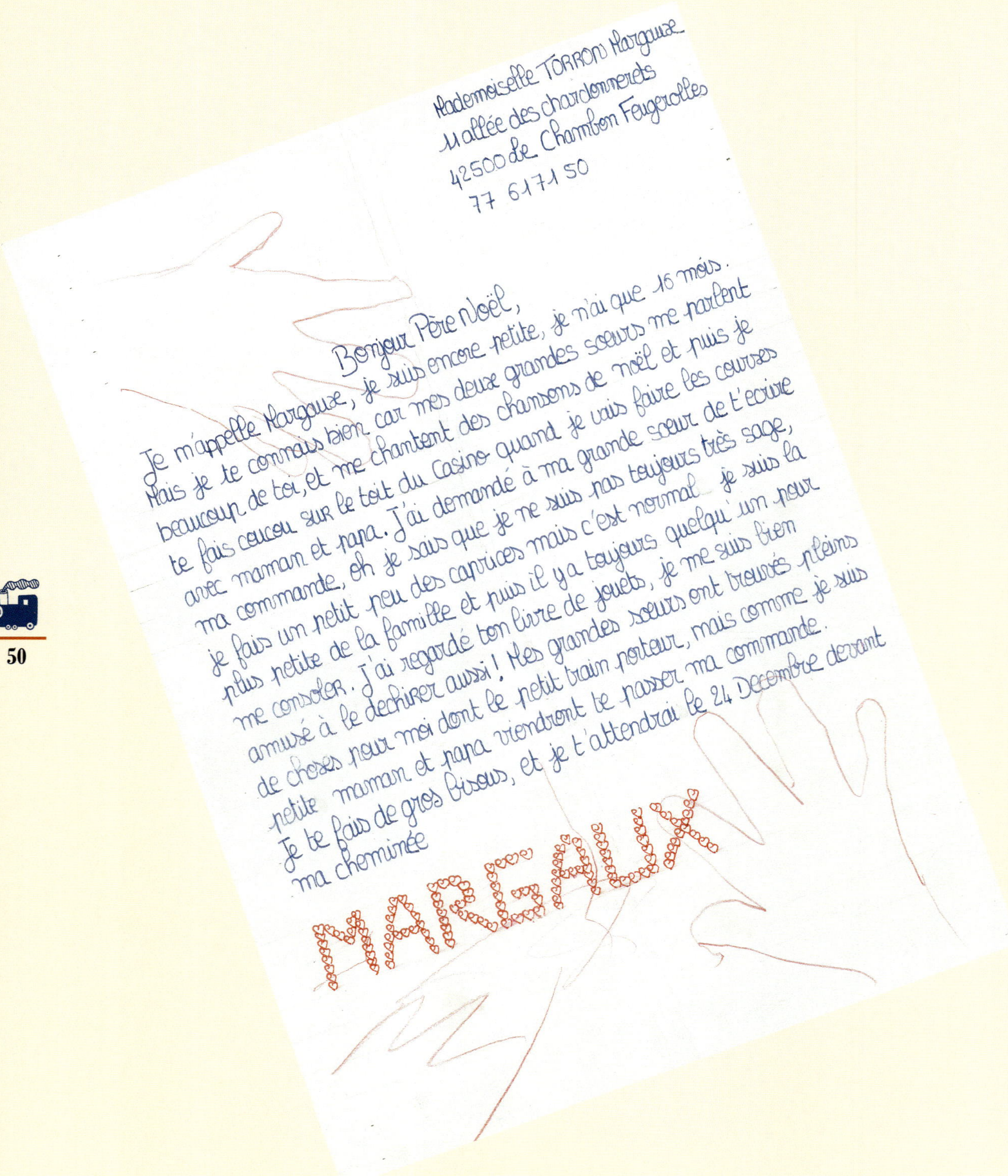

Mademoiselle TORRON Margaux
11 allée des chardonnerets
42500 Le Chambon Feugerolles
77 61 71 50

Bonjour Père Noël,

Je m'appelle Margaux, je suis encore petite, je n'ai que 16 mois. Mais je te connais bien car mes deux grandes soeurs me parlent beaucoup de toi, et me chantent des chansons de noël et puis je te fais coucou sur le toit du Casino quand je vais faire les courses avec maman et papa. J'ai demandé à ma grande soeur de t'écrire ma commande, oh je sais que je ne suis pas toujours très sage, je fais un petit peu des caprices mais c'est normal je suis la plus petite de la famille et puis il y a toujours quelqu'un pour me consoler. J'ai regardé ton livre de jouets, je me suis bien amusé à le dechirer aussi! Mes grandes soeurs ont trouvés pleins de choses pour moi dont le petit train porteur, mais comme je suis petite maman et papa viendront te passer ma commande.
Je te fais de gros bisous, et je t'attendrai le 24 Decembre devant ma cheminée

MARGAUX

-6-12-01

cher papa noël
du haut de ton ciel bleu,
où tu nous vois depuis les cieux,
je te demande, comme un voeux,
quelques petits cadeaux merveilleux.

Joyeux noël et bonne année

(P.S): s'est quand que vous prenez la retraitre? ...

Marjorie MAILHOL
chemin de Carlipa
11150 VILLEPINTE
(AUDE).

... QUE-TU-... GATÉS
D'ENFANTS-A-...
+ UN-TRAIN-A-PILE
PÉRE-NOËL-N'OUBLIS-
PAS-QUE-J'HABITE-CHEZ-
MAMIE-AUSSI-C'EST-LA
DEUXIEME-MAISON-
EN-PARTANT-DU-HAUT
JE-T'AIME-TRÉS
FORT
VOLKANN
PÉRE-NOËL

CHE-PERE-NOËL
JE-M'APELLE-VOLKANN
JE-T'ÉCRIT-POUR-TE-DIRE
QUE-J'AI-ETE-GENTI-TOUTE-
L'ANNEE-AVEC-MON-PAPA
MAMAN-ET-MAMY-
ALORS-JE-CROIS-
QUE-J'AI-DROIT-A
DES-CADEAUX-MA-
LISTE-UN-RADIO-
CASSETE-MUSTANG-
ROBOCOP-
ALSÉ-POUR-UNE-
DECOLLE-POUR-LA-FAIRE
JE-SAIS-
QUE-TU-VA-METTRE-TES
MAINS-SUR-LA-TÉTE

Joyeux Noël

Mlle Musement Marine
Bois la Varenne
27290 Touville Sur Montfort

Cher père noël

Je m'appelle Marine, je vais bientôt avoir 3 ans, je vais à l'école, je suis sage enfin presque toujours, j'ai un petit chien qui s'appelle Loulou, je vis à la campagne avec mes parents. et mon chien.

J'aimerais avoir pour mon noël.

Mon vrai bébé
Un Quad.
un petit ordinateur (de mon âge.)
Un petit vélo
Un tableau magique

J'espère que tu pourras passer à la maison, papa aura éteind la cheminée et il y aura sur la table un café et des chocolats. (et une petite goutte?)

Je te fais des gros bisous
A bientôt
Marine

P.S. Je t'envoie ma photo
Gros bisous à maman Noël et aux lutins

PÈRE NOËL

PS : Père Noël, Daria Maria a choisi d'écrire dans sa langue maternelle : en Corse

Ghisunaccia, u 30 di novembre 1995

O Babbò Natà,

Daria Maria, Francescu è Dea Luciani sò zitelli di Ghisunaccia, un paese di Corsica. Simu stati bravi cù u nostru babbu è a nostra mamma. Dea, a più chjuca, ùn và micca à a scola.

Ma noi, à a scola, travagliemu, cantemu è stemu à sente à « Julie », a nostra maestra. Andemu dinò à a scola di musica à amparà e note, à sunà è à cantà.

Tandu, postu chè nò simu ragiunevuli, ti vulemu dumandà ghjoculi per noi è per a nostra surelluccia:

- per Daria Maria, a valisgetta di Barbie, e busciche magiche, u mascarume, a puppona chì si mascareghja in u bagnu è a pasta à sale.

- per Francescu, u rubbottu « Emilio », e busciche magiche, un « meccano », un vestitu, u « play mobil » di u carru vechju.

- per Dea, un bellu vestitu, è parechji ghjoculi di criature.

Aspettendu a to visita, ti ringraziemu è ti mandemu tamantu basgiu.

A prestu !

Lefèvre
Laurianne
42 bis avenue du Général de Gaule
02260 La Capelle

La capelle le 29/10/99

Cher Père Noël

Je voudrais que tu me ramène une flûte travassière et
un père noël en chocolat tu sera très gentils
sa me faire rien si maman te paye en 1 ou 2 fois.
Bon je te laisse de la pointe de mon stylo mais jamais
de mon cœur.

Laurianne

Papa Noël
00000 Au Ciel
VIVE NOËL

Chère père noël je m'apelle éléonor
j'ai 6 ans je suis belle est gentille. As tu
assez d'argent pour les autres enfants ?
Je voudrais le jeu hippo gloutou : MB
138F la table de soins medicale berchet
368F, la guitare magique tomy 115F

À bientôt

Merci

Eleonor Krauze

ELEONOR KRAUSE
35 boulevard de l'amitié entre les peuples
51000 CHALONS SUR MARNE

Bonjour père Noël

Et ce que ça va bien moi ça va. Bon parlons
des affaires. Je voudrais avoir beaucoup d'argent.
Bien sur tu te demandes pourquoi;
parce-que mon papa et ma maman
ont une ferme et comme après je serai
agriculteur et bien il me faut de l'argent pour
refaire la ferme et m'acheter un tracteur et
Moi je fais du foot et j'ai mis 7 bon but depuis
cette année depuis le moi de septembre, et je
arrière droite

Guillaume

A bientôt.

Chére Pére Noël

A l'école je travaille bien j'ai 13 points verts et un point rouge.
Les points verts ça veut dire que je travaille bien.
Pour noël j'aimerais bien avoir :

- La Belle et le Clochard : prix 139 F du Catalogue.
- Ma Papeterie 88 F 50
- Salle de Bain Barbie 61 F 90

Si tu le veux bien ,je vais mettre
le total des comissions.

288 F

Joyeux Noël

Sophie Fournier

2, Bd ERNESTDEHEE
80600 DOULLENS

2 Boulevard Erneste
DE 80600 Doullen

Père Noël
Sur son beau traineau
lieu dit "Les Nuages
LE CIEL

BY AIR MAIL
PAR AVION
Père Noël
Colline de l'oreille
Napapini
France
Laponie

Chère père Noël,

Cette année j'ai pas été sage
je m'suis comporté comme un sauvage
A, l'école, j'ai fait des ravages
j'ai rendu mes parents verts de rage
Des cadeaux j'en n'ai pas mérité

Mais je sais que tu vas m'en apporter

J'avais promis d'être mignon
Et puis, j'ai mangé comme un cochon
J'ai pas écouté la maîtresse
Un jour, je lui ai même montré mes fesses
j'ai sorti ~~mais~~ mes petits souliers

~~mais~~ mes bêtises, je sais que tu vas les oublier

pierre-étienne
BUFKENS
65 rue de roche
45800 St jean de braye

65 6

Pour Toi un bonbon au chocolat
un petit verre de vin rouge

Bonjour cher Père Noël

J'espère que la santé ça va bien ? Cette année je n'ai pas choisi beaucoup de cadeaux. Je travaille bien en classe.

Ce que j'aimerai savoir : Où tu habites ?, combien de temps mettent tes petits lutins pour faire tous ces cadeaux ?, comment fais tu pour te débrouiller avec tous ces cadeaux à livrer ?

Gros bisous

Marion

Mes cadeaux

Talkie-Walkie
Boîte à outils
Trésors d'autrefois
rollers
Famille de lion.
Ensemble de protection
Des habits
trousse de toilette
Créatelier poterie
Magic art animaux de mer

Marion DERUETTE
8 ans ½
La Pérella
73200 Venthon

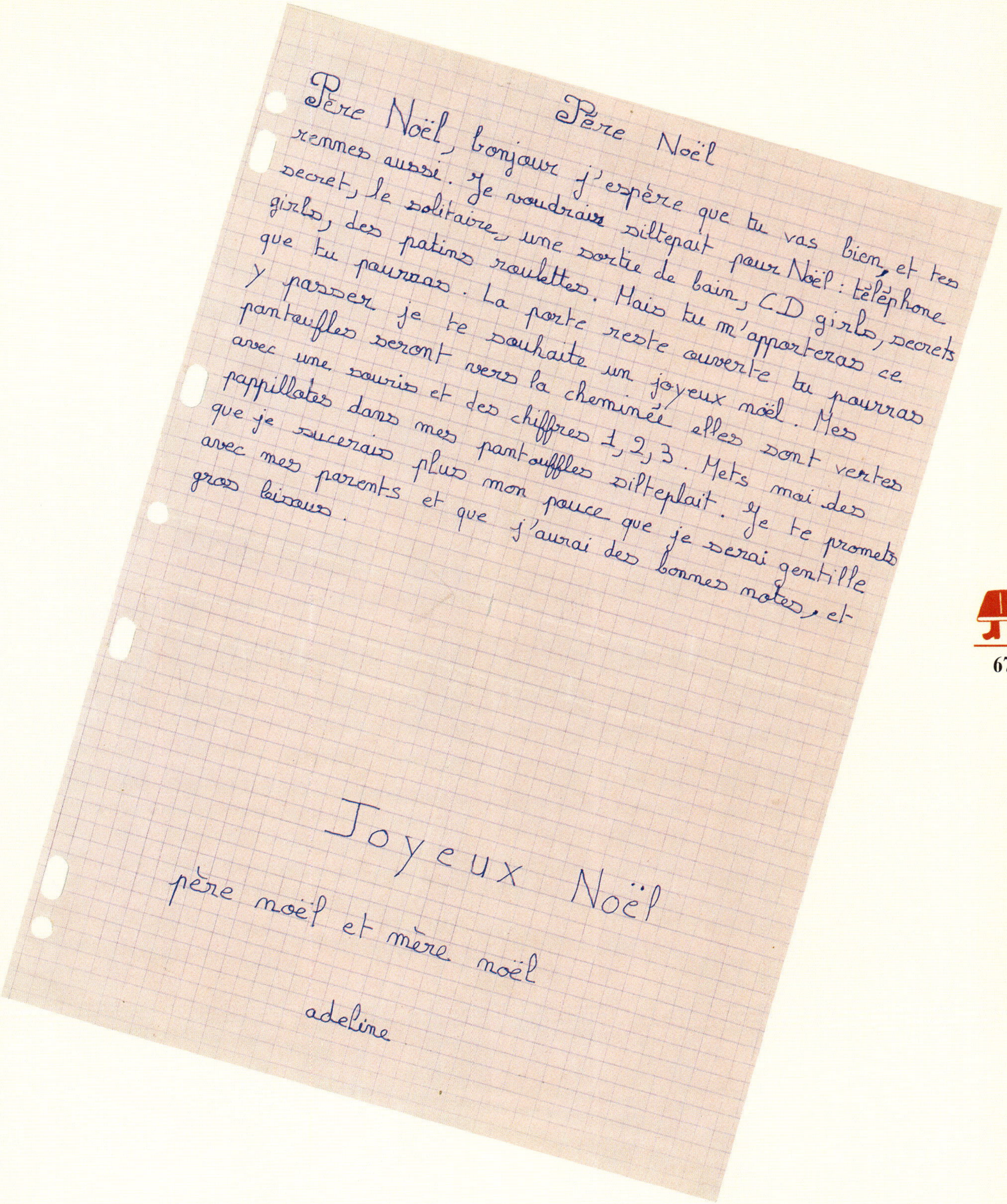

Père Noël

Père Noël, bonjour j'espère que tu vas bien, et tes rennes aussi. Je voudrais silteplait pour Noël : téléphone secret, le solitaire, une sortie de bain, CD girls, secrets girls, des patins roulettes. Mais tu m'apporteras ce que tu pourras. La porte reste ouverte tu pourras y passer je te souhaite un joyeux noël. Mes pantoufles seront vers la cheminée elles sont vertes avec une souris et des chiffres 1, 2, 3. Mets moi des pappillotes dans mes pantouffles silteplait. Je te promets que je sucerais plus mon pouce que je serai gentille avec mes parents et que j'aurai des bonnes notes, et gros bisous.

Joyeux Noël

père noël et mère noël

adeline

Cher Père noël

s'il te plait portes-moi
un remède pour mon petit chien
qui est malade.

je te fais une grosse
bise.

Merci

Marie France

Chere Père Noël.

Dans un mois, c'est le réveillon de Noël. Alors je vous en souhaite un très bon. J'espère qu'en distribuant tous les cadeaux à tous les enfants du monde, vous n'aurez pas trop froid. Il faudra demander à la Mère Noël de vous tricoter une deuxième écharpe, ça sera votre cadeau.

Vos petits lutins ont-ils fabriqués des cadeaux pour moi? J'aimerais bien... Si jamais vous avez réussi à fabriquer un appareil photo, pensez à moi! Je pensais à quelque chose! Si vos rennes sont fatigués de voler car je pense que vous avez beaucoup de cadeaux à porter, et bien au Quebec, je pense qu'il doit y avoir pas mal de rennes d'échange. Seulement, il faudrait leur apprendre à voler. Mais je pense que vous savez comment. → voir au dos.

Et puis, si vous avez encore un peu de place dans votre traineau, ça serait bien que vous m'apportiez une énorme peluche qui fasse au moins ma taille. J'éspère que ce n'est pas trop demandé !

Quand vous viendrez chez moi, il y aura sur la table de la cuisine un bon chocolat chaud et des biscuits. Au pied du sapin, j'éspère que vous reconnaitrez mes chaussures. Regardez dessous, c'est du 38.

Bon, je vous laisse finir vos cadeaux.

Dites bonjour à la Mère Noël et à vos lutins.

L'adresse de ma cheminée :
La cheminée n° 20 de la rue Ernest Cousseran à 91470 Limours.

Joyeux Noël

Emilie Hinssen.

Papa Noël !

Ce que tus m'as donné, je n'aime pas,
C'est pas ce que je voulais t'as due te trompé
de maison, est ce que je peux échanger ma
Nitendo contre une super dictator.

Répond vite.

Sebastien Desrousseaux
rue de Cocagne
51240 COUPEVILLE

Père Noël
Résidence d'hiver
3 rue des nuages
Père Noël
Palais de l'Elysée
55, rue de faubourg Saint-Honoré
75008
Paris

Bonjour Papa Noël

Je m'appelle Charlotte j'ai 7 ans et demi.
Est-ce que tu vas bien ? Et toi comment va-tu ?
Pour Noël je voudrais quelque chose de très spécial mais je ne vais pas commencé par moi.

– Pour ma maman tu lui apporte dé sous et de la santé.

– Pour mon papa tu lui aporte dé sous et de la santé

– Pour mon grand frère (s'est lui qui ma corriger les fautes mais s'est moi qui l'est fait) tu lui aporte des jouets.

– Pour moi je voudrais du boneur pour tout le monde car moi je suis heureuse et je sais qu'il y a des gens et des enfants qui on froid et qui on faim et qui sont malade alors mes cadeaus seront pour eux s'est toi qui choisit je te fais confiance.

Je te remercie d'avance et je t'envoie autant de bisous que toi tu donne des cadeaus

Gros Bisous

Charlotte

Cher Père Noël,

C'était vraiment très dur de choisir mes jouets pour noël. Mais j'y suis arrivée et j'ai choisis (par ordre de préférence):

- un coffret maquillage complet 4 en 1.
- énigmo
- des K-nex
- une table de chevet

Laura ♡

Joyeux Noël!!

Mon adresse:

Dizet Laura

70 rue roland mariage 60120

Chepoix

Laura ♡

voici mon adresse :
virginie Alvarez
5 rue des. pervenches
(57170) Bioncourt

Bioncourt le 28 novembre 95

Cher père Noël

Je m'appelle virginie J'ai 7 ans
Est-ce que tu vas bien ?
Et toi comment va tu ?
Et tes rennes comment vont ils ?
A l'école je fais des efforts.
A l'école la maîtresse est
gentille. As-tu beaucoup de cadeaux
pour lés enfants ? Je voudrais un dictionnaire, la cassette vidéo du roi lion,
un bague. Ma soeur Ingrid aimerait
un livre. Astrid désirerait une barbie
Ma maman souhaiterait des habits
mon papa aimerait une maquette.
Au revoir
Virginie

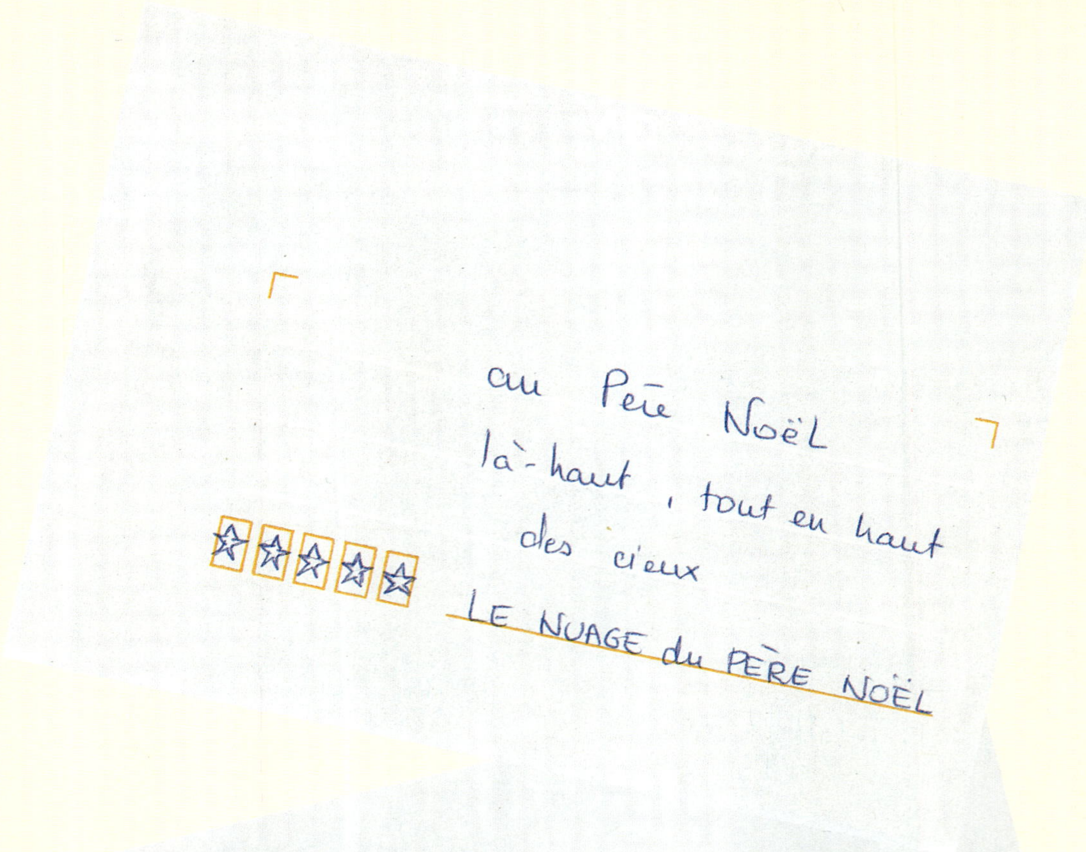
au Père Noël
là-haut, tout en haut
des cieux
LE NUAGE du PÈRE NOËL

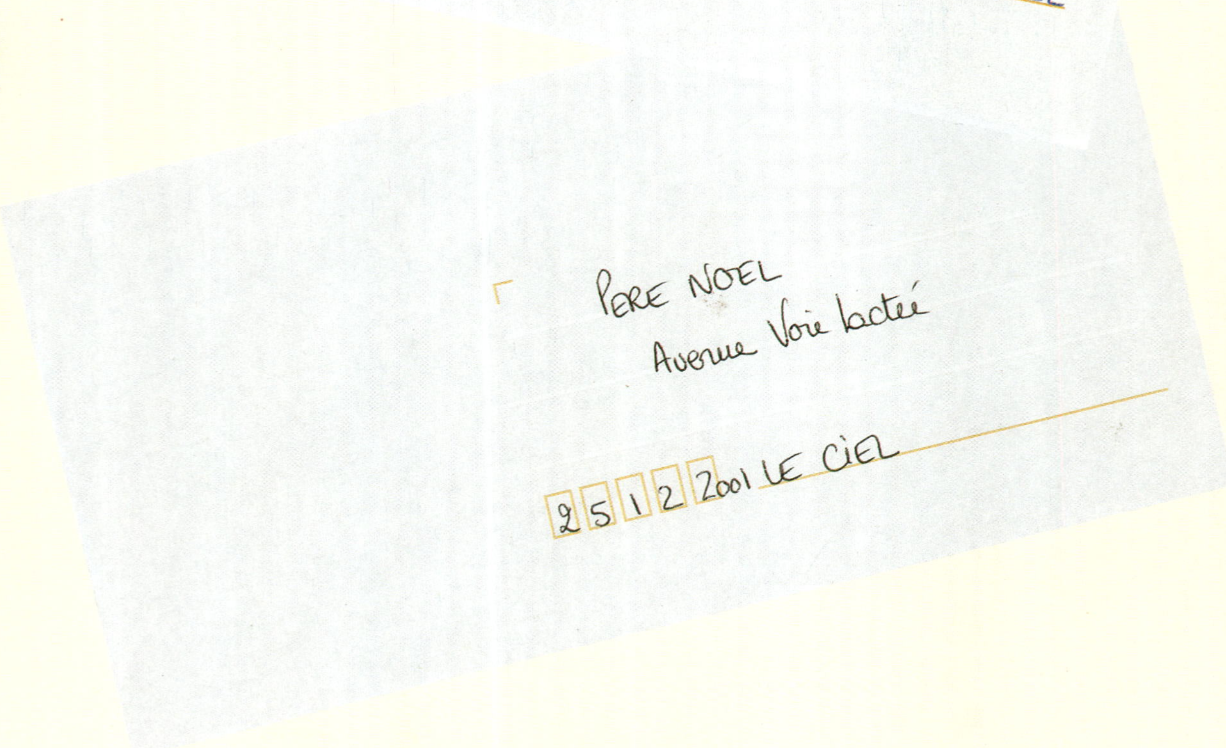
PERE NOEL
Avenue Voie lactée
2512 2001 LE CIEL

Tourné la feuille

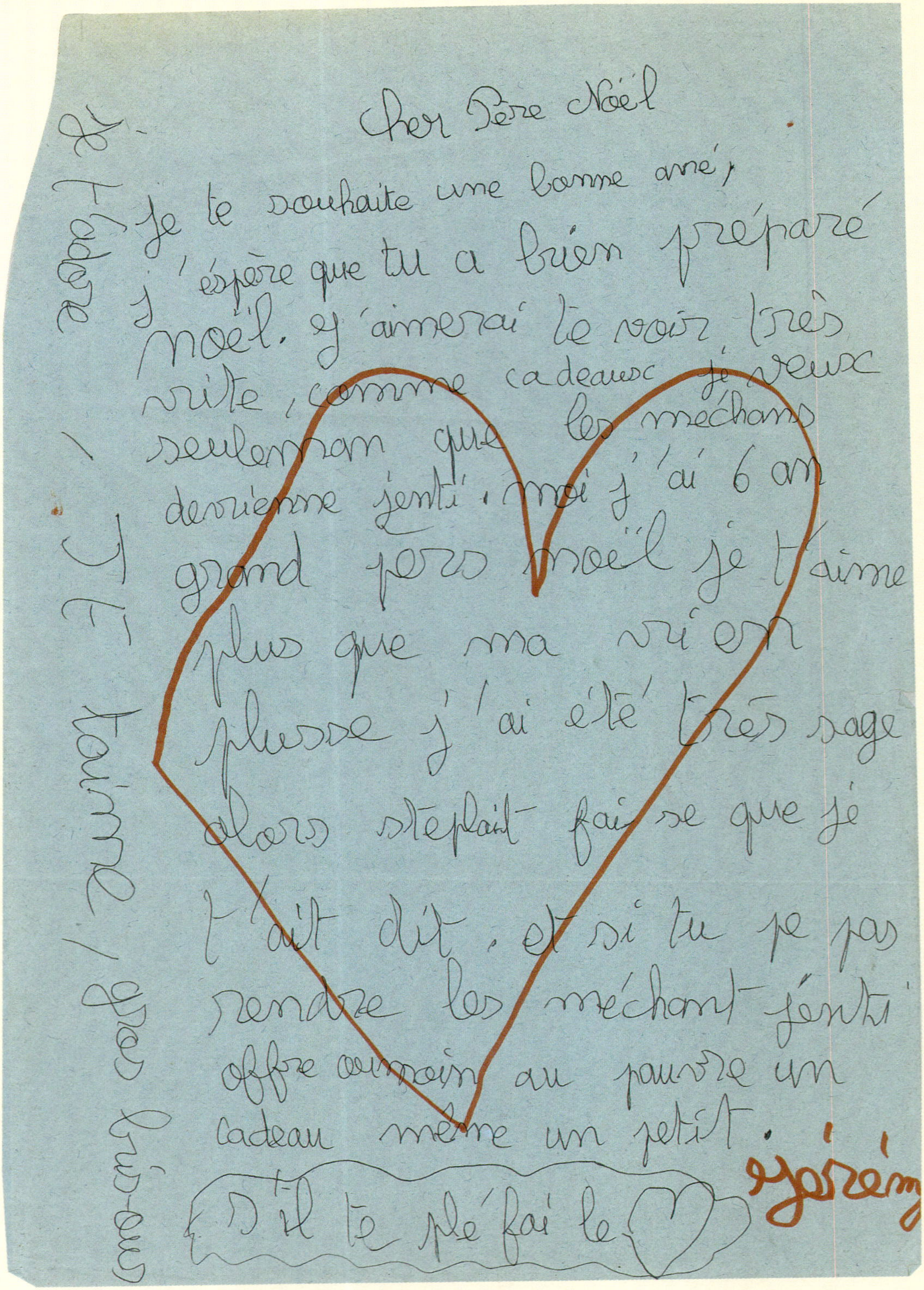
Cher Père Noël

Je te souhaite une bonne ané,
j'éspère que tu a bien préparé
noël. j'aimerai te voir très
vite, comme cadeaux je veux
seulemman que les méchans
devienne jenti. moi j'ai 6 an
grand pere noël je t'aime
plus que ma vi en
plusse j'ai été très sage
alors steplait fai se que je
t'ait dit, et si tu ne pas
rendre les méchant jenti
offre aumoin au pauvre un
cadeau même un petit.

S'il te plé fai le ♡

Jérémy

Je t'adore / J T taime / gros bisous

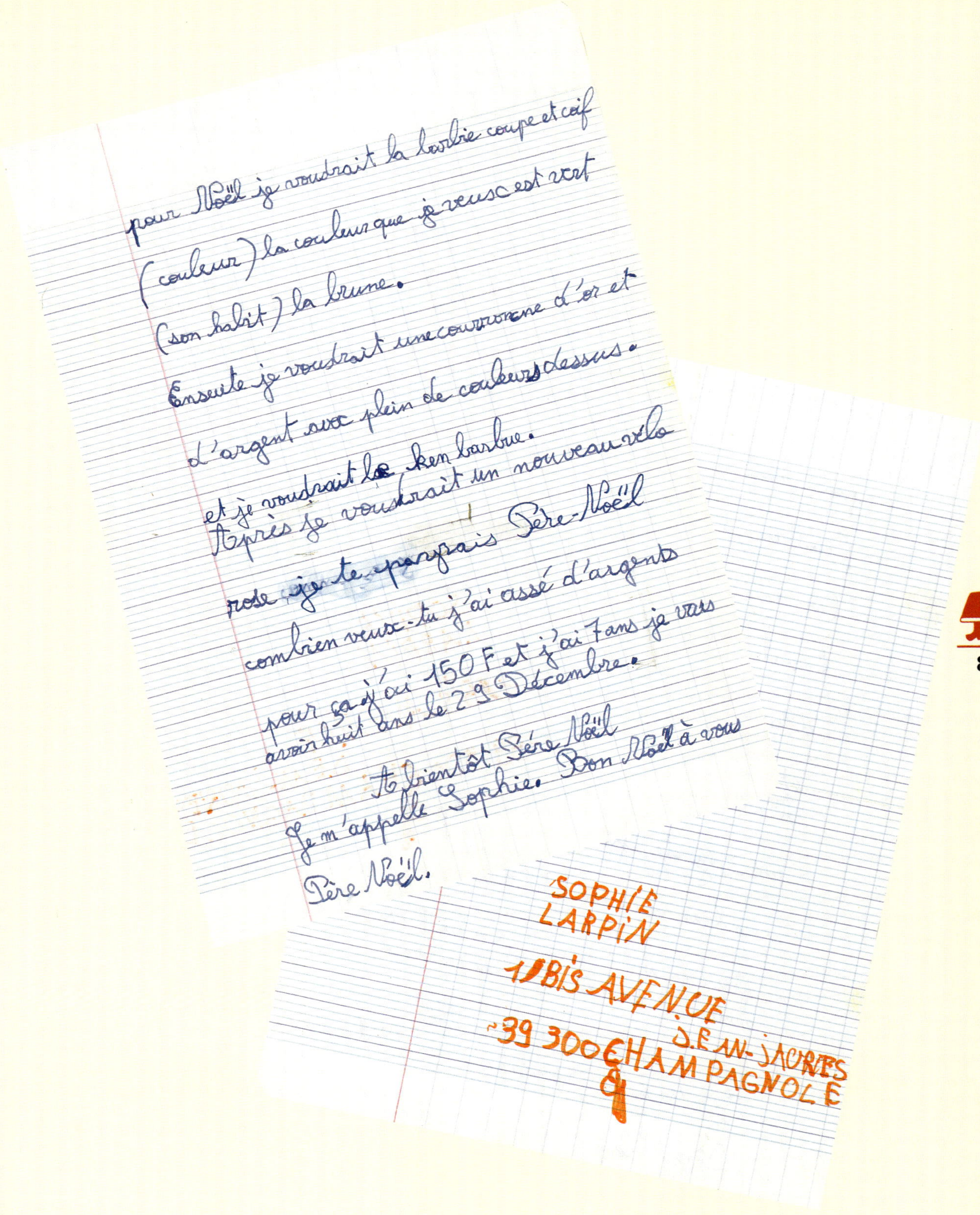

pour Noël je voudrait la barbie coupe et coif
(couleur) la couleur que je veux c'est vert
(son habit) la brune.
Ensuite je voudrait une couronne d'or et
d'argent avec plein de couleurs dessus.
et je voudrait ~~la~~ ken barbue.
Après je voudrait un nouveau vélo
rose je te pargnais Père-Noël
combien veux-tu j'ai assé d'argents
pour ça j'ai 150 F et j'ai 7 ans je vais
avoir huit ans le 29 Décembre.
A bientôt Père Noël
Je m'appelle Sophie. Bon Noël à vous
Père Noël.

SOPHIE
LARPIN
11 BIS AVENUE
JEAN-JAURES
39 300 CHAMPAGNOLE

CHRISTELLE ET JULIEN VAIDIE
« LA DURANDERIE »
72340 LHOMME

CHER PETIT PAPA NOËL.

JE T'ECRIS POUR MON PETIT FRERE ET POUR MOI.

J'AIMERAI QUE TU M'APPORTES LE PONEY BARBIE, LA MAISON BARBIE ET SI TU AS ENCORE UN PEU DE PLACE LA BARBIE EN PYJAMAS OU JE COLLE DES ETOILES POUR QU'ELLE BRILLE DANS LA NUIT.

ET POUR JUJU UN CIRCUIT, UN ORDINATEUR (il n'a que 4 ans).
POUR MAMAN ET PAPA UNE CHAINE HI-FI.

ON TE LAISSE LA PORTE OUVERTE. N'AI PAS PEUR DU CHIEN IL EST TRES GENTIL. FAIS ATTENTION CHEZ NOUS IL Y A LA GRIPPE. ON TE FAIS DE GROS BISOUS ET MERCI POUR LES CADEAUX.

JULIEN

CHRISTELLE

NOËL

Cher petit papa noël j aimerai : un micros-cope, un jeu c
playsation, le nouveau jogging d P.S.G, un skate board et
ballon du P.S.G.

Lucas
Nespoulous

je ne crois pas en vois mais j'aim
des cadeausc merci

129 rue Charles de Gaulle
95130 Le Plessis-Bouchard.

Adrésse :
Au Père - Noël

M/R le Père Noël
et Mère Noël

Cher Pere Noël,
que tu es joli, que
tu amènes des beaux
jouets et que tu es
gentil.
je m'appelle steve je
suis un garçon et pas une fille.
j'ai été très sage Pere Noël.
Je voudrais un garage de voitures s'il te
plait Pere Noël, un jeu de travaux je t'adore
Pere Noël, une grue, un circuit électrique
et une voiture télécommandée
au revoir Pere Noël
je pense bien a toi Pere Noël

Steve

j'ai 5 ans

STEVE AMIZET
177 rue de la scierie
39220 les ROUSSES

mon adresse 7 impasse
Lorjsel 50100 cherbourg tel : 335311-84

cher père noël tu serais un amour si tu m'amène au pied
du sapin des cadeaux que je rève d'avoir, voicis leurs noms : un jeu
de magie son nom mister (~~?~~) magic (auchan) mon deuxième cadeau : une ~~(boîte)~~
coffret de meccano (n°2) mon 3ième cadeau cette fois un cadeau surprise (à partir de 7 ans ou est plus)
une réponse siltepläit parce que je voudrais savoir coment tu t'apelle ~~et~~
~~te habite~~ je voudrais savoir ton adresse pour aller te voir et ton
numéro de téléphone et s'il payant comme les 36-68 ... enormes bisoux

Lucas tableau

Ma petite seour voudrais une cuisine au choix et une dinette (peut être)
elle aussi te fais d'énorme bisoux

Susie tableau

P.S je t'ais fait un dessin de l'autre coté de la feuille

Clémentine MERLE
Bellevue
53 rues des Clefs
74230 THONES

Cher Père Noël,
Bonjour! Je m'appelle Clémentine
MERLE, j'ai 10 ans. Comme je vous ai vu à la télé j'ai
décidé de vous écrire. Mon rêve serait que tout les personnes
du monde entier soit heureux, que tout le monde ne soit
pas pauvre car des milliers de personnes vivent sous la
pauvreté. Pouvez-vous les aider? Mes autres vœux sont
que pour l'an 2000 les inventeurs mettent au point
une machine qui fasse que ce qu'ont lui dise comme
par exemple... faire la lessive toute seule ou... Sinon que
dans quelques pays pauvre le Père Noël passe car ils
ne le connaissent pas.

SOYONS SOLIDAIRES POUR l'an 2000

LA SOLIDARITÉ C'EST chaque JOUR un peu.

Merle

Père Noël
dans le ciel
parmi les étoiles

PERE NOEL
Chemin du Grand-Sapin
251 200 FLOCONVILLE

Père Noël

Je m'appelle Barbara et j'ai 8 ans:

Moi je crois en "toi et comme cadeaux je voudrai

la preuve de ton escistence:

Alors répond moi.

Voici mon adresse:

Nkamagni Barbara

3 rue Claude Debussy

93120 La Courneuve

gros bisous Barbara.

Gisèle CHARTRAIN
Duret
61600 La Motte Fouquet

chère père noël,

j'espère que vous allez bien. Je ne veux
rien pour noël, je voudrais seulement
un petit jouet pour mont petit chat.
il s'apelle fripouille il est très mignons
quand j'ai un peu de sou je lui
fais des petits cadeaux. (friandises...)

je vous remercie et vous
souhaite une bonne tournée
et joyeux noël.

Gisèle

Salut Papa Noël

J'espère que ça gaze. Et que tu as assez d'argent pour moi car tu vas être étonné.
Je voudrais de l'argent.
Pense bien à donner à manger à tes rennes pour aller jusqu'aux étoiles.
N'oublie pas mes sous.
Bisous

nathan

Cher Père Noël,

Je t'écris en ces jours de fête pour te dire ce que j'aimerais que tu m'apportes pour Noël : des legos et un poste laser. Mais si tu trouves que je n'ai pas été assez sage et que tu penses que je ne mérite pas ces cadeaux, je ne t'en voudrais pas. Je te demande également de penser aux enfants qui sont plus malheureux que moi, à qui un cadeau donnerait une grande joie. Je te remercie d'avance pour ta bonté. Je t'embrasse très fort.

Jérémy Vaillant.

Nicolas Blancou
2181 Chemin de la Moissagaise
82 170 Pompignan

Vendredi 1er Décembre 1995

Cher Père-Noël,

J'ai voulu faire pour toi, ce magnifique dessin, avec beaucoup de lumière et de brillants. L'année dernière je n'ai pas reçu de réponse, pourtant tu es bien venu à ma maison. Merci pour tous les beaux cadeaux que tu me gardes. Je fais beaucoup d'efforts à l'école, c'est pas facile pour moi, je suis au CP, j'ai six ans. J'apprends à lire, à écrire, à compter. Grâce à toi Père-Noël, je fais de beaux rêves. Merci de revenir encore cette année à ma maison.

Couvres toi bien, la nuit de noël. Je t'aime. Je t'attends déjà. Tu sais ce que je vois en rêve !

Nicolas

BON NOËL ET BONNE ANNÉE

Samedi 4, 12, 99

Père Noël,

C'est Mamy qui écrit ce que je dicte :
Je suis Manon j'ai 6 ans je vais à la
Grande école chez les petits.

mais je travaille très bien
à l'école, j'ai même des "20" alors, ils m'aiment plus
du tout ! Tant pis Maman et Mamy elles disent que je suis la
plus intelligente et la plus belle, même que je parle 2 langues
car Papa m'apprend le Portugais.
Pour Noël, Petit Papa Noël, j'aimerais - si possible -
avoir une poupée Barbie avec son fiancé Ken ; bien sûr
s'il y a des jouets pour tout le monde ! car Mamy "travaille"
au secours populaire à Blaye et elle dit " Tu sais Manon,
il y a des petits enfants qui n'ont rien eux" ! alors, je mange
toute mon assiette et j'essaie d'être gentille ! des fois
je ne le suis pas, mais je demande pardon ! comme-toi Père-
Noël, car en France c'est pas comme en Guyane
la pluie est froide ; peut-être même qu'il y aura

de la neige ; j'en ai vu une fois, quand on habitait
dans les Pyrénées.
Si des fois des enfants n'ont jamais eu de jouet
tu peux donner « ma Barbie et mon Ken » c'est pas
grave. J'en aurai pour mon anniversaire !
Mamy m'a dit qu'elle éteidrait le feu à 11H45
pour que tu ne te brûles pas dans la cheminée !
Je t'embrasse gentil Père Noël, mais dis-moi tu ne
travailles que la nuit de Noël
lorsque tu viendras ! Je mettrai sur la table des dattes
fourrées, une chocolatine et 1 verre de lait car tu ne
dois pas boire du vin puisque tu conduis.
Gros bisous Papa Noël et fait que tout les petits
enfants soit heureux et pas trop méchants
Gros bisous

MANON

chèr père noël

J'aimerais avois tous les jouets que je te demande. S'il te plaît

Dans le catalogue Auchan c'est:

S.O.S cristili. 98F65 où 15€,04.

machine à dessiner le monde. 199F95 où 30€48.

Et dans le catalogue E. LECLERC c'est:

qui est-ce 130F35 où 19€87

machine à bijoux. 179F85 où 27€42

Et si tu m'envoyes tout ça je serai très heureuse.

Je vais te demander deux questions comme ça tu pourras répondre.

Pourquoi tu es tout le temps en rouge?.

Et quel âge as tu?.

Voilà mon adresse.

16 rue de ST quentin

59214 Quiévry.

Julie 8 ans

Joyeux noël à toi!

à tous tes amis!

Ruessin

Julie

Père Noël,
Je souhaiterai pour Noël :
- Un rodéo ball spécial jouéclub
- Des petits légos, le couloir interdit
- Un walkman
- Gibor araignée
- et un jeux
Gros bisous
Geoffrey
BISSAY Geoffrey
GOUTTE SOURDE
42540 Ste COLOMBE / GAND
PÈRE NOËL

Père Noël
rue de minuit
33500 Libourne

Chère père-noël,

ma maman m'a dit que c'était trop tard pour t'écrire, mais j'espère que c'est pas vrai, et de toute façon je t'écris pas pour te demander quelque chose. Seulement, hier j'ai regarder pour te voir jusqu'à au moins minuit dix et je ne t'ai pas vu mais ce matin j'avais quand-même mes cadeaux dans mes chaussettes. alors comment ça se fait ?

Si tu veux, tu peux me répondre à mon adresse. la voilà :

Bela de carvalho

13, rue du grand gonnet

42000 Saint-Etienne.

P.C : merci quand-même pour mes cadeaux.

Crossing the far

Céline Puexanda
2 3 H rue Recteur Marcel Bouchard
21000 Dijon
8 ans

Dijon le 28/11/98

Chèr Père-Noël

J'aimerais te poser une question ? Comment fais tu pour apporter tous ces cadeaux ? Comment vont ta femme et tes enfants, Je vais te faire une surprise. La semaine prochaine je vais attaquer mes contrôles, conjugaison, vocabulaire, sciences, histoire, géographie, orthographe, grammaire j'espère que je vais avoir 20/20. J'aimerai que tu m'apporte une radio, un vocabulons, une machine pour se maquiller. La maîtresse est très gentille. Je ne parle pas en classe. Mon chat est très gentil. Mon chat s'appelle Fido. J'aimerais que tu m'apportes du bonheur. Et aussi à mon papa et à ma maman. Dès fais Fido me mort. Je t'embrasse très très très très fort

Céline

Bonjour père Noël. Jèspère que tu va bien.
Je ~~ver~~ vai te donner ma liste de cadeaux. Elle n'est
pas tré longue. Je veu un touché coulé, une machine a
faire des caps, et les deux machines cripi croleursse.
Je ~~ver~~ vai comandez une bague pour Angélique de
mavoir comandez une tortue ninja. J'avai oullier de
te le dire a la converssation au téléphone, je veu les deux
mahines cripi croleursse. Je te trouve tré janti et tré
joli. Aler aurevoir père noël.

pére Noël route du ciel

5 rue, quartier des lutins, ou stop a
droite, au bout de la ruelle des rennes
en bas à gauche.

3300000 les nuages et les
étoiles.

Poussain Damien
12 rue armand quénard
49650 Allonnes

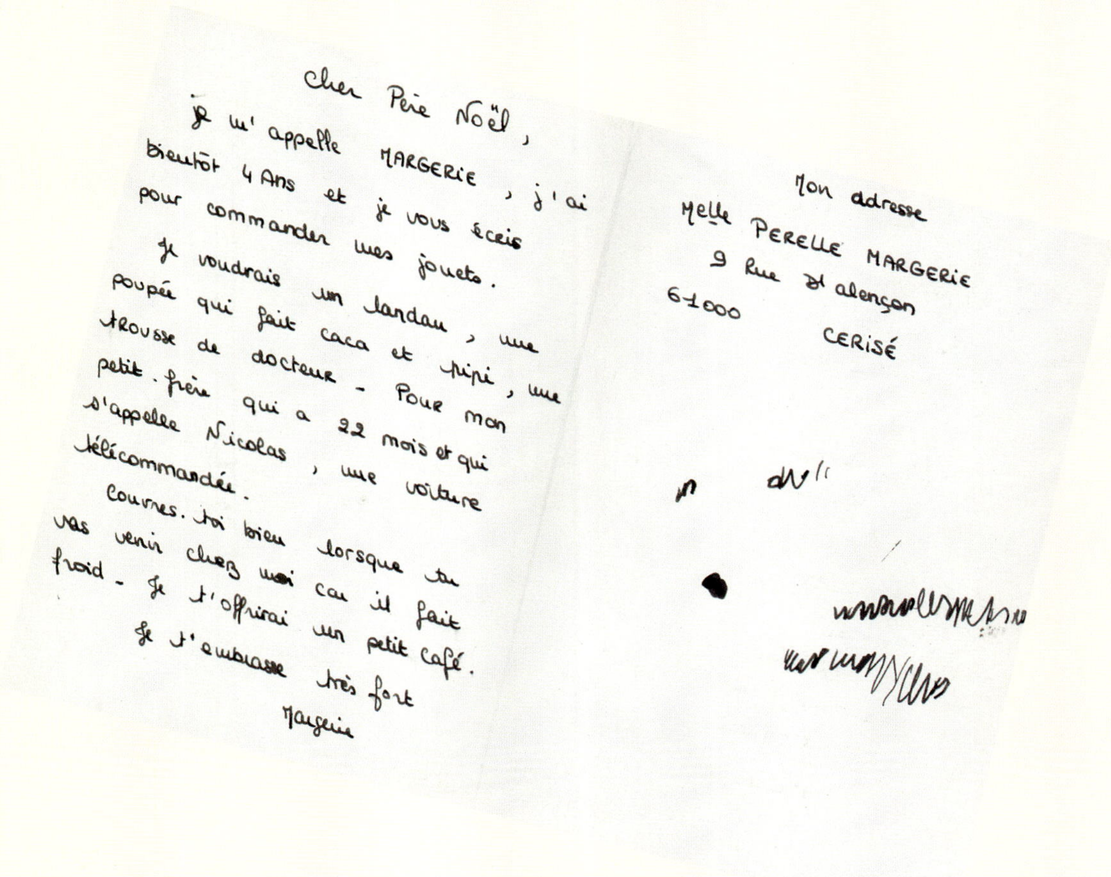
Cher Père Noël,

Je m'appelle MARGERIE, j'ai bientôt 4 Ans et je vous écris pour commander mes jouets.

Je voudrais un landau, une poupée qui fait caca et pipi, une trousse de docteur. Pour mon petit frère qui a 22 mois et qui s'appelle Nicolas, une voiture télécommandée.

Couvres.toi bien lorsque tu vas venir chez moi car il fait froid. Je t'offrirai un petit café.

Je t'embrasse très fort

Margerie

Mon adresse
Melle PERELLE MARGERIE
9 Rue d'alençon
61000 CERISÉ

Cher Père Noël je voudrais
L'avion de barbie à 394F70, La calèche de barbie à 199F85, Le prince
Ken à 98F70, La maison radio de barbie à 249F85, SKATEBOARD shannon
à 289F80, Docteur maboul à 119F60, Barbie sirène magique à 199F85,
Domino Expresse Maxi power à 247F55, Betty star de la
mode à 99F87, et enfin une patinette topbike à 449F

Merci ♡

Charlotte LEPELLETIER
44 RUE PAUL LANGEVIN 38130 ECHIROLLES

Père Noël

Je veux que tu me
porte 300F comme cadeaux
pour la noël

merci pascal

pascal Raynaud
Chemin du gremenet
11250 Verzeille

Emilie Scherer
61, rue de la Fanzau
67100 Strasbourg

Cher Père Nöel

je m'apelle Emilie j'ai 7 ans
mais tu me connais déja car tu viens
tous les ans à l'anniversaire de Jésus.
Je serais contente si tu viens aussi cette année, nous serons
chez ma cousine Noémie. je te fai une liste des cadeaux
que j'aimerais recevoir. Mais, bien entendu je serai
contente de chaque cadeau que tu m'aporteras. Je sais qu'il
y a beaucoup denfants qui n'ont pas de jouets.
Je t'aime trés fort

bisous

emilie

Le studio de sindy.
sindy, escalade.
Le métier à tisser pur fair des colliers et des écharpes ent laine de pocahontas.
des boucles d'oreilles créols.
sindy je danse.
mes joli fleurs.
sindy vernis passion.

cher père noël,

Je m'appelle Clément Métivier. J'habite à Clamart.
Chez moi, il faut arriver par l'ascenceur parce qu'on n'a
pas de cheminée à la maison. Il faut appuyer sur le
bouton, le numéro 3, parce que les autres, ça ne
marche pas!
J'ai été très sage. Je joue et je dessine bien.
Je fais des câlins à ma petite soeur et des bisous mais
des fois, je fais des petites colères...
Pour Noël je voudrais bien

des duplo TOOLO
une cassette du roi-lion
une petite voiture de police
une petite voiture de pompier
un puzzle du roi-lion et c'est tout!

Père-Noël, tu es très beau parce que tu es tout
rouge avec une barbe blanche et que tu as
plein de cadeaux. Je te fais
trois bisous: un sur la joue, un
sur l'autre et un
sur le nez!

Mon chere Papa Nono,

J'espere que tu va bien
et que tes lutins t'aident dans
ton fatiguant travail car
je crois que tu commence
à devenir vieux.
Je crois que tu ne me
verra pas dans ton livre
des sage car je suis trop
gentille pour ça. Tu me
verra surment pas
autre par que dans ton
livre des super sage!
Pour noël, je voudrai une
armoire pour mettre mes parent
dedant quand il me disputent.
Je voudrais aussi un dction.
Man, VTT et un casque de
bicross. Père Noël, ne passe
par la cheminée, elle est
trop petite pour toi.

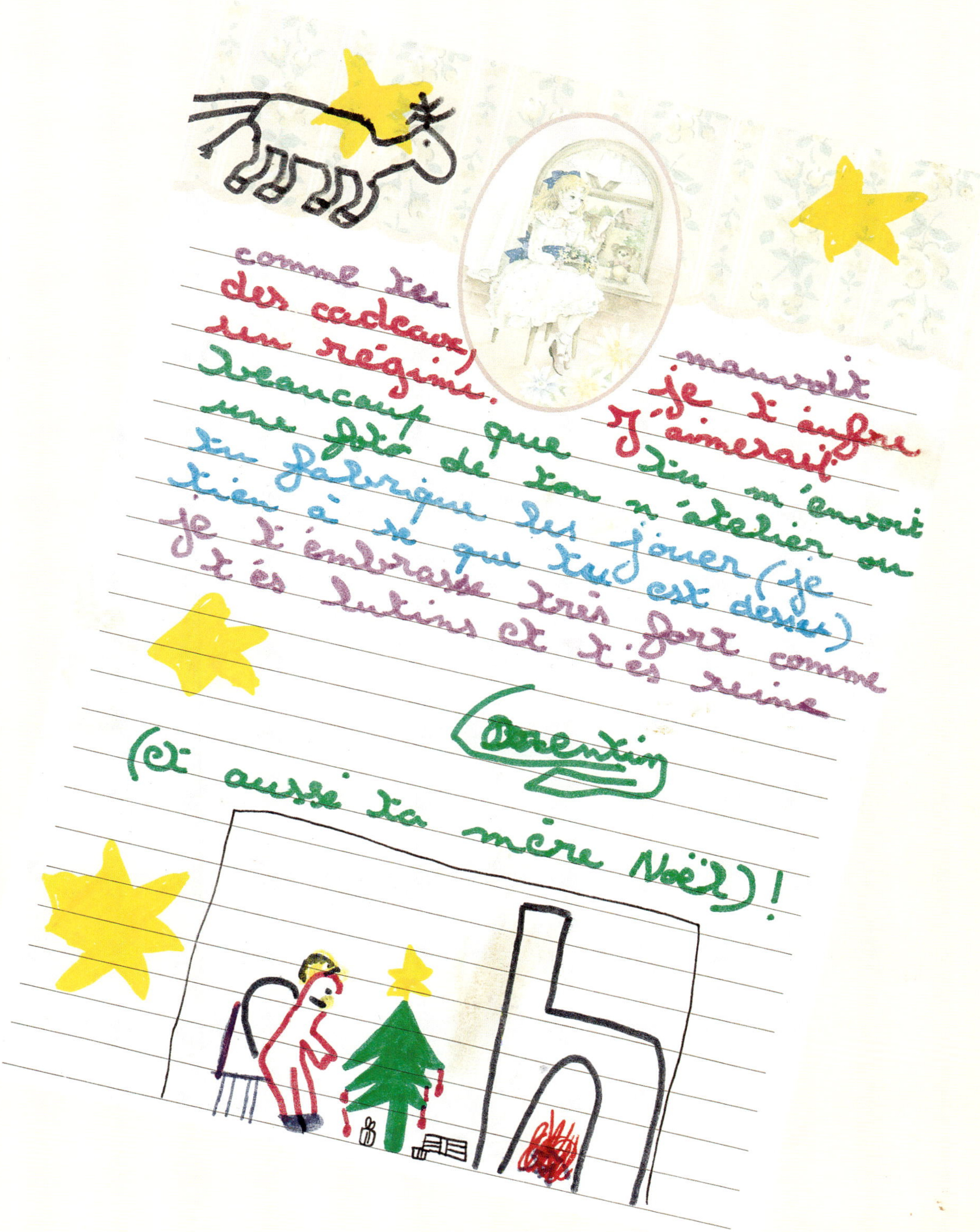
comme tes manvoit
des cadeaux, je t'aufre
un régime. J'aimerai
beaucoup que tu m'envoit
une foto de ton atelier ou
tu fabrique les jouer (je
tien à se qu tu est desus)
je t'embrasse très fort comme
t'es lutins et t'es reine
Corentin
(et aussi ta mère Noël)!

Brumath le 25 Nov. 92

Chèr Père Noël

Comme chaque année je t'écris un petite lettre. Mais cette année ce n'est pas pour moi que je t'écris. Je sais bien que des cadeaux j'en aurait. Je ne suis pas seule sur terre et il y a à travers le monde plein d'enfants pauvre et malheureux. Je pense aux petits Somalien a qui nous enfants de france avons envoyés du riz.

Plus près de chez nous il y a ceux de VAISON LA ROMAINE et environ qui on tous perdus, je voudrai avec ton aide chèr Père Noël faire quelque chose pour eux peut-être pourions nous organiser une foie par ans une sorte de téléton contre la pauvreté et pour un très joyeux Noël pour tous.

merçi pour ton aide
et joyeux Noël Père Noël

Nicolas Nohlig
8 ans

3, les jardins de la Grafenbourg 67170 Brumath.

il monte

Mon chér papa noël,

Bonjour papa noël sa va   moi sava. Tu es mon amai est je voudré que 25 Décembre tout le monde soi hereu et qu'il n'ye a plus de polucion dans le monde et que les enfants ne meurre plus de faim.
Bon passon au chose sérieuse, je voudrai la dernière game boy et aussi la machine dimprimer les bones nouveles

Pour mon papa une maquéte ou un disque. Pour ma maman une petite sie sauteuse. pe tu me dire si je pourai rester quan tu viendra.
Répond moi sur une feuille blanche par aui si tu veu bien ou non si tu veu pas. Situ veu pas sa ne fait rien mais la prochaine fois je resterai quan tu viendra. Merci pére Noël si tu veu bien. attension ne fais pas tomber de cadeau ein coquin!

Ronan voila c'est fini.

joyeu nöel
maman
Ronan.
papa

Père Noël
1er nuage à gauche
Le Ciel
33 500 LIBOURNE – FRANCE
225F
REPUBLIQUE GABONAISE

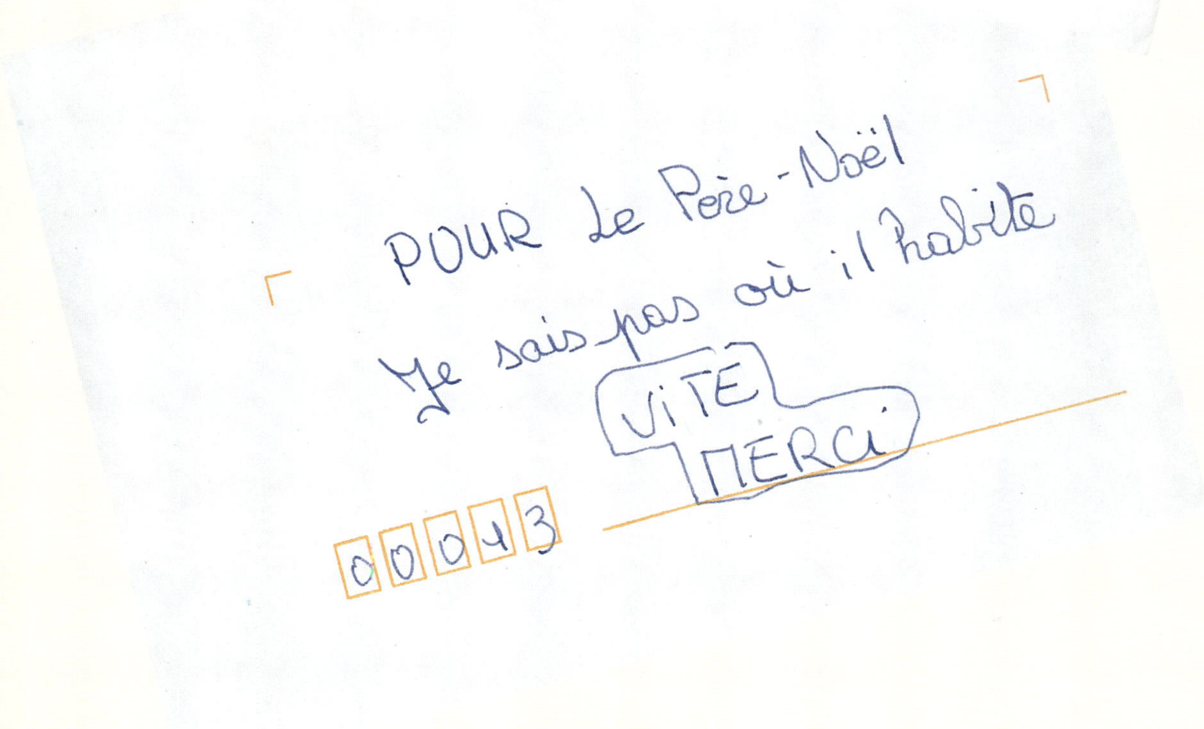
POUR Le Père-Noël
Je sais pas où il habite
VITE
MERCI
00043

Lyon, le Mercredi 30 Novembre 1994

Melles DELAGE Alescandra et Amandine.
178 allée D, Avenue Général Frère.
69008 LYON.
FRANCE.

Cher Père Noël;

Ma petite soeur Amandine se joind à moi, pour t'envoyer ce petit mot qui j'espère te trouveras en pleine forme. Nous profitons de cette lettre pour passer notre commande. Ma petite soeur Amandine qui a 2 ans, voudrait bien si c'est possible une poupée, une poussette, une barbie gymnaste, et le cheval de barbie; pour ma part je m'appelle Alescandra et j'ai 6 ans quand à moi je voudrais une barbie Gymnaste, la villa de Barbie, le camping car équestre de Barbie et une montre que tu m'apporteras juste, si j'ai un bon carnet scolaire. Nous savons que tu as beaucoup de travail, et nous comprendrons très bien si tu ne peusc pas nous apporter tout ce qu'on a commandé. Et avant de passer chez nous, passe d'abord chez les enfants malades, chez les enfants qui vivent dehors et qui n'ont même pas un toit pour être au chaud, et aussi chez les enfants qui vivent avec la guerre et qui sont tués par de méchant monsieur. En attendant noël, continu à te reposer, laisse le travail à tes petits gnômes. Nous te faisons de gros Bisous.

Gros
Gros
Bisous

Alexandra et
Amandine.

P.S.: Le soir que tu passeras, tu trouveras sur la table du salon, une clémentine, et, des papillotes pour que tu reprennes des forces, à côté il y aura l'enveloppe de maman et papa pour te payer les jouets!

"cher pēne moël"

Je veux ume moto et le jeux crocodile
ume cassette Séga - um circuit - ume télé
um établi - um pumching Ball - um fauteuil
le mintendo - ume perceuse - um téléphone
ume cassette mintendo - um magmétoscope
Je te promet que je serais sage
J'ai 6 ans
Je travaillerais bien à l'école
Je tapperais plus ma soeur

Baptiste Boutet
Rue Raoul Bonmafous
11120 Angeliers

JOYEUX
NOEL

Graphisme : PRC
Photogravure : Point 4

Imprimé en France par Mame à Tours
Dépôt légal : novembre 2002
N° d'édition : 27591 / N° d'impression : 02092285
ISBN : 2-234-05539-3
54-07-5539/9